Was wird hinter dem Dunkel sein?

Was wird hinter dem Dunkel sein?

Die schönsten Gedichte von

Paul Zech

Herausgegeben von Oliver Fehn

Pandämonium Verlag

1. Auflage September 2017

Layout und Umschlaggestaltung: Gerd Frey

Druck und Vertrieb: Books on Demand GmbH,
Norderstedt

Made in Germany

ISBN: 978-3-944893-15-0

Anleitung zum Lesen eines Gedichts

Gedichte sind Lieder. Und Lieder sind nicht dazu da, dass man sie nur einmal singt. Sie wachsen in uns, ihr Rhythmus wird Teil unseres eigenen Rhythmus, und manchmal spuken sie uns auch durch den Kopf und wollen nicht mehr weichen. Gedichte müssen anders gelesen werden als Romane oder Erzählungen. Aber wie?

Im Deutschunterricht war das so: Ein Gedicht wurde gemeinsam gelesen, bis man auf ein Bild stieß, eine Metapher. Aufgabe der Schüler war es nun, diese Metapher zu entschlüsseln – das heißt, dem Lehrer schwebte eine „Lösung“ vor, auf die es zu kommen galt, so dass zuletzt jeder die gleiche Interpretation auf seinem Blatt stehen hatte.

Aber so funktioniert Lyrik nicht.

Wenn es eine „richtige“ im Gegensatz zu vielen „falschen“ Deutungen eines poetischen Bilds gäbe, hätte der Dichter sich nicht erst die Mühe machen müssen, ein Bild überhaupt erst zu erschaffen. Allein die Tatsache, dass ein Eindruck verschlüsselt dargeboten wird, ist Beweis dafür, dass es keine allgemeingültige Lösung gibt; der Verfasser wollte ja kein bloßes Ratespiel veranstalten.

Lyrische Texte wenden sich nicht an unseren Verstand, sondern an unser Unbewusstes, auch dessen kollektiven Anteil. Sie sprechen in Bildern zu uns, die archetypische Erfahrungen wachrufen, bei jedem jedoch in einem anderen Gewand. Die lyrische Sprache drückt eine Quintessenz aus, die Eindrücke auf ihren kleinsten Nenner reduziert – wie einen Samen, in dem der fertige Baum bereits schlummert, der bei jedem aber auf seine eigene, sehr subjektive Weise entstehen muss.

Wenn Sie ein Gedicht lesen, lesen Sie es mehrmals – sechs- oder siebenmal -, denn erst dann beginnt es ihnen zu singen, zu klingen. Lassen Sie die Bilder auf sich wirken, ohne nach ihrem genauen Sinn zu fragen. Manche Erfahrung lässt sich nicht in Worte fassen, sie wird geatmet, gespürt, getrunken, geträumt. Gehen Sie nicht mit dem Vorsatz ans Werk, Literatur zu konsumieren, und lesen Sie über Bilder, die Ihnen auf Anhieb nichts sagen, erst einmal hinweg. In Ihnen „erschafft es“ gerade, diesen Vorgang sollten Sie nicht künstlich banalisieren.

Paul Zech, dessen Lyrik sich zum Erlernen dieser verlorengegangenen Sprache geradezu anbietet, war einer der großen deutschen Expressionisten, die den Krieg, das städtische Leben, aber auch das Naturgeschehen mit den typischen Stilmitteln der Epoche beschrieben. Mich erinnern seine wutentbrannten Bilder, seine Explosionen oft an Edvard Munchs Gemälde „Der Schrei“, auf dem zunächst alles Dissonanz ist, Wildheit, Lautstärke,

Brachialgewalt, die sich dann – bei längerer Betrachtung –als getarnte Harmonie erweist.

Auch wer Zech nicht kennt, dürfte manchen seiner Verse im Kopf haben: Er war es nämlich, der die berühmte Übersetzung der Balladen François Villons besorgte, die später durch Klaus Kinskis Rezitationen deutschlandweit zu Ruhm gelangten. Wenn Sie also mal wieder wild nach einem Erdbeermund sind oder fragen, wo der Schnee vom vergangenen Jahr ist, denken Sie daran: Sie rezitieren gerade Villon in Zechs genialer Nachdichtung.

Der Dichter, der stets für die Arbeiterklasse schrieb, deren Wohlergehen ihm am Herzen lag wie nur wenig auf der Welt, stammte selbst aus armen Verhältnissen und arbeitete als Bergmann unter Tage. Die deutsch-jüdische Dichterin Else Lasker-Schüler war seine Geliebte. Seine Zeitgenossen schildern Zech als Mann mit rauer Wesensart und lauter Stimme, kleineren Betrügereien und Schelmenstücken nie völlig abgeneigt. Neben Villon übersetzte er auch Rimbaud, Mallarmé, Verlaine und Balzac ins Deutsche. Das Herzstück seines Werkes jedoch sind seine eigenen Texte, von denen ich für diese Ausgabe die schönsten ausgesucht und in einer kleinen, aber feinen Sammlung vereint habe.

Ich danke meinem Verleger Uwe Siebert, dass er der Herausgabe dieses Gedichtbands zugestimmt hat. Er hat mir damit einen Herzenswunsch erfüllt, der mich lange Zeit umtrieb; denn neben Rilke ist Zech mein unumstrittener Lieblingslyriker unter den Deutschen, und in den letzten Jahrzehnten gab es in Deutschland kaum noch Buchausgaben mit Zechs Gedichten. Der Tonfall des Spielmanns ist dem intellektuell gemästeten Feuilleton in der Bundesrepublik leider verloren gegangen. Ich hoffe, mit dieser Buchausgabe den Leser wieder ein wenig mit dieser Sprache vertraut zu machen und wünsche viele starke Momente beim Lesen.

April 2017

Oliver Fehn

„Paul Zech schreibt mit der Axt seine Verse.“

Else Lasker-Schüler

DER NEBEL fällt. Die Welt wird wieder klein.
Die Wälder rücken auch zusammen.
Bald wird um uns nur Dunkel sein
der Raum, woher wir alle stammen.

Hinzu tritt auch das müdgejagte Reh,
es hat mich angsthaft angesehen.
Sein schneller Atem flockt so weiß wie Schnee,
kein Leid soll ihm geschehen.

Baum, Tier und ich:
Wir drei sind eins, dreieinig Du,
als wären wir seit Ewigkeiten schon

verbunden und verwoben.
Und nichts ist Unten mehr und nichts ist Oben,
gerundet deckt der Raum uns zu.

Ballade vom Grubenpferd

So schwarz weint keine Nacht am schwarzen Gitter,
wie in dem schwarzen Schacht das blinde Pferd.
Ihm ist, als ob die Wiese, die es bitter
in jedem Heuhalm schmeckt, nie wiederkehrt.

Es wittert durch das schwarze Fleisch der Steine
den Tod, und sieht ihn mit den toten Augen an,
und ist die ganze Nacht mit ihm alleine
und geht nur widerwillig im Gespann.

Der Knabe, der es durch die Gänge treibt,
will es mit Brot und Zucker fröhlich machen.
...es kann nicht mehr wie andere Pferde lachen,
in seinen Augen bohrt die schwarze Nacht und
bleibt.

Nur manchmal, wenn vermengt mit Harz und Laub
waldfrisches Holz dort unten in der Grube landet,
reißt es, von Wahnsinn jäh umbrandet,
den Schädel hoch und stampft die Menschen in den
Staub.

Im Berg, die schwarze Wetternacht
schlägt Funken aus den Hufen
und ehe noch die Notsignale rufen,
hat sich das blinde Pferd verhundertfacht.

Und poltert durch das schwarze Labyrinth
und stürzt im Flieh'n die tiefe Felsentreppe
herab und wiehert durch die grüne Steppe,
auf der die toten Pferde mächtig sind.

Heimkehr

Aus dem silbernen Dunst der Wolke taucht
schon so tief der Sichelmond herauf und haucht
mit dem Wind der Stoppelfelder durch das Laub
weißen Frost und beißt die Blätter in den Staub.

Hoch im Giebelfenster stirbt das goldene Gesicht
der geliebten Mutter, und sie kennt mich nicht,
wenn ich auf dem dämmerfahlen Gartenstück
rauchend näherträume – ein verrauchtes Glück.

Manchmal streift ein Sternenschweif die erloschene
Spur
armer Welt ... dann klingt vielleicht noch eine Uhr.
Aber blutigrot im schwarzen Astgewirr der Nacht
glüht das Feuer, das uns müde, immer müder
macht.

WENN DU ES jetzt noch nicht erfahren hast:
wie gutgelaunt das Schicksal war,
als es nicht litt, dass du mit Haut und Haar
dich dem verschrieben hast, was zwar zu manchem passt,

(weil er sein Leben lang nur Larven trug
und diese Larve war auch sein Gesicht,)
dann sieh dir einmal an bei Tageslicht,
was aus den Furchen, die der Pflug

hineingegraben hat in deine Wesenheit,
heraufwuchs unverhofft zur Frucht gereift,
zu einem neuen, nicht mehr körperlichen Leid.

In diesem Wald: was wiegt hier schon die Zeit?
Wenn deine Hand nach einem Falter greift,
hat dich ein Hauch der Ewigkeit gestreift.

Liebesballade im Regen

Auf den Straßen, zwischen den Schienensträngen,
glitzerte Wasser. Und manchmal spritzte es unter
den Bahnen
silbern empor bis zu den Fußgängerwegen.
Und die jungen Bäume dort ließen die Fahnen
aus maigrüner Seide so traurig herunterhängen im
Regen.

Unter dem Glasdach einer verwitterten
Kinoreklame
habe ich lange nach dem letzten Nachtauto
gefroren.
Und da kamst du mir grade gelegen:
so knabenhaft schmal in den Hüften und wie
geboren
für meine Gefühle. Denn außer dir stand keine
Dame im Regen.

Und als wir uns ansah'n die kurzen Sekunden
und gar nicht mehr fragten, wie einer den anderen
fände,
da kam uns das Blut schon auf halbem Wege
entgegen,
und ich küsste unter dem Schirm dir die zitternden
Hände

und habe zuletzt auch dein Herz gefunden im
Regen.

Für dein Herz, da habe ich gleich ein Gedicht
geschrieben,
denn wir saßen jetzt wortlos beglückt an den
dunklen Tischen
in einem Café. Und aus den tropisch durchglühten
Gehegen
der Geige begann jetzt dein lüsterner Atem zu
zischen,
bis ich dich mitnahm. Sonst wärst du allein
geblieben im Regen.

In dieser Nacht aber ist alles ganz anders verlaufen,
wie ich es mir ausgedacht in meinen Gefühlen.
Und als ich beschämt dir was schenkte,
da sagtest du lächelnd: weswegen?
Und ließest auf meinen Lippen nur einen kühlen
Geschmack deiner Armut zurück,
den wird sich keine andere mehr kaufen
im Regen.

UND IMMER neue Mütter stießen ihre Knaben
in immer helleren Scharen in das Feld,
als wär vernarrt die ganze Welt,
den Mord hinfort als Hausaltar zu haben.

Zu Räuschen aufgebauscht war jedes Zimmer,
wo eine Zeitung Zähne zeigte und die Faust.
Von Hassgesängen angefeuert und umsaust
war noch die Greisin in dem Blut der Feinde
Schwimmer.

... Dass du, Gekreuzigter, nicht von dem Holz
herabsprangst und mit Geißeln auf die Menge
hiebst
und klein zurück auf ihren Ursprung triebst:

Sie hassen dich für diesen königlichen Stolz,
wie sich die ausgerollten Fronten
der Schlacht nicht wilder hassen konnten.

Lüge des Orients

Ist sie wirklich Indiens Dichterin?
Wird sie selbst den Scheiterhaufen schichten?
Diese blasse Blume aus dem Dschungel
kann nur ungemeiner Tod vernichten.

Draußen vor dem rauchigen Gemäuer
ahnt der Morgenwind schon das Zerbröckeln
dieser Fürstentümer märchenalt, dieser kranken
Rasse
mit den Knabenhüften auf den hohen Stöckeln.

Manchmal sind die Maskenfeste schön gewesen,
irgendwann traf man ein wildes Luder.
Aber seit ich dich so tierbesessen habe,
nenn ich keinen Menschen mehr „Mein Bruder!“

Durch den Garten geistern sie auf Fackelwegen
und berauschen sich an starken Drogen.
Aber du da, weiße Lotos, mir am Herzen,
hast du wirklich nicht den Orient gelogen?

IN JENER Nacht, da dieser Schrei
dem Juden Ham entfuhr, erloschen die Gestirne.
Um die verschatteten Gehirne
der Feldherrn legte sich ein Spuk wie Blei.

Verloren ging die erste große Schlacht,
beströmt vom Zug aus bleichen Lazaretten.
Das Mitleid aber schluchzte krumm in Ketten
und brachte Regen über diese rote Nacht.

Es troff wie aus durchbrochenen Dämmen auf die Zelte,
die Heere murrten laut und schlugen wild
die Schädel an vor Gram und Kälte.

Es goss in Strömen durch die leeren Straßen
und stieg empor, wo um ein bärtiges Bild
die jungen Bräute Schlaf und Scham vergaßen.

Der schlafende Soldat

Begrenzt von eines Wäldchens schwarzem Riegel
duftet ein Kleefeld honigsüß und stark.
Des krummen Flusses kühler Zwillingsspiegel
spinnt Silberflitter in das zarte Knospenmark.

Barhäuptig und den Mund von Fieberqualen
zerklüftet, ruht er unverbunden noch im Kraut.
Blutschnecken kriechen aus Perlmutterschalen
und beizen Frost auf seine weiße Knabenhaut.

Sein Atem haucht gebrochener Laute Wort,
das tönt der Wind durch feuchte Samenrispen fort,
wo Mütter heiße Tränen in die Sterne falten.

Und langsam quillt ein Rot aus seiner Brust heraus,
wie wenn die armen Hände einen Strauß
taufrisch geschnittener Heiderosen halten.

ICH WILL dir eine Wiesenlandschaft malen,
auch dieses Tal hat Eisenbahnen nie geseh'n,
sah nur gehäuft in flachen Silberschalen
die purpurdunklen Wasserorchideen.

Sah nur in Scharen Raubgetier und Reiher,
den schwarzen Ibis und den ockerbraunen Schwan.
Auf Weidenstümpfen manchmal schlägt die Leier
ein Pfau zu dem Gekrächz von Ara und Tukan.

Die Gräben sind bis auf den Grund hinunter
von einem roten Abendhimmel aufgeschwemmt;
hier flimmern Fische, wie sie farbenbunter

noch nie ein Wasser trug. Hier an den Rändern:
oft tauchen sie aus Zelt und gelbem Lederhemd:
Gesichter, die nicht altern und sich nie verändern.

Im Lazarett

Als ihn die Träger keuchend von der Bahre hoben,
der Abend vor den weißen Betten sich erbrach
und, wie gejagt von Gier und tierhaft tiefer
Schmach,
die Schwestern schreiend aus dem Zimmer stoben:

Blieb nur die Oberin zurück und wusch den
Wunden
das Grauenhafte fort; fuhr über Haupt und Rumpf
siegzittemd hin, als wäre sie von diesem Stumpf
betäubten Fleisches wie von Gottes Sohn
entbunden.

Umhügelt von Verbänden lag er wie in Windeln da,
schmeckte und fühlte nicht, was seinem Mund
geschah,
um sein Hinüberschlummemem engelscharhaft
kreiste;

nicht, dass aus roter Nacht und kühlem Glück der
Frau
sein Dasein sich erst hinhob unverfälschtem Blau
indes um sein Gehirn die Welle weit vereiste.

WIE KÄHNE schaukelten die grauen Betten
im Sonnenlicht, das durch die Fenster floss.
Wie Kähne, die ein finsterer Koloss
nicht los ließ von den kurzgeschloss'nen Ketten.

Stöhnende Inder und die weißen Grenadiere
drängte das Fieber ungestüm aus diesem Raum;
um ihre Stirnen duftete ein sanfter Traum,
zu ihren Füßen duckten sich des Waldes blaue
Tiere.

Pfeilbohrend schnitt ein plötzliches Erwachen
durch ihre Herzen, und die Augen standen
hilflos erschrocken in den gold'nen Lachen

der Sonnenkringel auf der kalten Zimmerwand. . .
Bis sich die Hände zweier Feinde fanden,
von allen Jenseitsschauern übermannt.

VIELLEICHT war ich der eine endlich Aufgewachte!
Wie brach das plötzlich über mich herein?
In meiner Brust der rotgefrorene Stein,
beginnt zu tauen und das abgeflachte

Ergrimmen meiner Hände ruft Gebete
zurück aus Mutterland,
wie wenn sich hinter mir die Wand
mit hundert Fenstern in die Landschaft drehte.

Und plötzlich ist es da mit Wald und Bächen
und eines Himmels klingendem Kristall
hernieder läutend auf geweihte Flächen.

Es sammeln sich zum Zug in das beglänzte All
der Hingemordeten beseelte Schatten
und regnen Feuer auf uns nieder, die wir keine
Seele hatten.

Außenfenster eines Kesselhauses

Schon hat die Glut mich eisern abgeschraubt
vom Tag. Es war ein karges Gartenglück:
halb Traum, halb in die Wirklichkeit zurück.
Und dennoch war ich vom Azur belaubt.

Dies Blaue, dieses Gott und Kindern gute Tun
war nur zu kurz, war Diebstahl an dem Blut,
womit ich dienen muss in harten Schuh'n,
für einen Herrn, dass sich vermehr' sein Gut.

Er will von mir nicht weniger als das,
wofür ich bin mit Atem, Muskel, Hirn.
Was bleibt mir anders noch als roter Hass
im Herzen, und die Adern auf der Stirn?

Vergehenden Gesichts, ein Rad in dem Betrieb :
was bleibt mir anderes noch als mich zu dreh'n
auf Noten, die ich blindlings unterschrieb.
Ich habe nicht mehr Kraft, zurückzugeh'n.

ERSCHÜTTERUNGEN überkommen dich!
Maßlos verschwendet an Gewalten!
Zu jung noch bist du, zu erkalten
an einem hart parierten Stich.

Weit hinter dir zerbrach die Welt
an deiner Stirn zu Gott emporgehoben.
Nun lass dein Herz in Lobgesängen toben,
selig von Höhenluft umschwellt.

Wer einmal nur den Zug der Bäume sah
gestrafften Wipfels Herrscher über Fernen,
löscht nicht mehr aus.

Durchbrandet von den Sternen
sind alle Himmel da
und tief in dir zu Haus.

Ich ahne dich

Ich ahne Dich, ich fühle Dich, ja Du Gewalt.
bist wirklich da, und größer als ich glaubte.
Und hebst schon her zu mir das sternumlaubte
Gesicht mit Augen, tausend Jahre alt.

Und fühlst vielleicht: „Dies Staubkorn in dem
großen All
begehrt mich aufzuhalten
und meint, dass ihm das Händefalten
bewahre vor dem Fall."

Durch strenge Prüfung durch und durch gestoßen,
halte ich aus und weiß, dass unter meinem Fuß
das Feste schon entweicht. Ich dreh mit bloßem,

rudernden Körper mich herum ...
Doch Du gehst ohne Gruß,
abweisend stumm.

DIE SCHWARZE FÖHRE schlägt die Augen weit
ins Blaue auf: Wohin bin ich geflogen?
Die Adern, bis zum Platzen vollgesogen
mit Blut, gewittern: Sonne, jetzt ist Zeit!

Die legt schon helle Hände an den Stamm ...
Der Indianerleib glänzt aus den Fellen
noch hautnackt heller auf und reißt mit schnellen
Liebkosungen die Haare aus dem Kamm.

Es trieft das seidige Grün vom Harz
der Küsse sternhaft wie geschliffener Quarz
und lockt ein Heer von Hummeln aus den Mooren.

Die Buchen aber dehnen sich verloren
im Braun der Witwentracht
und sinnen Rache eine lange Nacht.

II

Wie ein Ertrinkender muss ich in Deine Haare
mich krallen, dass nicht wieder Du entweichst.

Und wo Du mir die Hände herzlich reichst,
sah ich mich schon erfroren auf der Bahre.

Ich bin mir selbst als Gegner hingebogen,
um meine Kraft zu prüfen, die zu Dir hinstrebt.
Doch wenn der Waagebalken sich dann hebt:
Bin ich zu leicht, bin ich zu schwer gewogen?

So sehr ist noch das Ungewisse laut in mir,
dass ich nicht einmal Deinen Namen weiß,
der schon geläufig ist dem stummen Tier.

Ich weiß nur, dass ich Dich zu dem, was Du
dem Unvernünftigen bist, zu mir herzu
erflehe und der letzte bin im Kreis.

ENDLOSER Regen rinnt und rinnt.

Nebel spannen im Schreiten
zitternde Saiten von Wind zu Wind.

Alle Weiten rauschen heran.

Und die Bäume stapfen ums Haus wie Riesen
und werfen Gewitter herein.

Wir ducken uns tief! Wir krümmen uns klein!

Und unser verschwistertes Hand in Hand
wird grau, wie ein einsamer Strand,
überschwemmt und verwiesen.

Was wird hinter dem Dunkel sein?

Graue Wolken wieder zerschlagen sich
über den Säulen, nass und glatt.
Die Krähen suchen die Stadt
und poltern mit langem Flügelstrich.

Die Erde schauert Skelette herauf.
Es sterben die Käfer so schwer ...
Bald hängt auch das Farnkraut, leer
von Haaren, in Bündeln zuhauf.

Manches Mal rinnt noch im Moos
Silber zusammen und tränkt den Pilz.
Nur die Butten[1] kommen vom Filz
der Spinnen nicht mehr los.

Schlaf ... Schlaf dämmert aus Rauch.
Was wird hinter dem Dunkel sein?
Wenn ich verhauche mit Lauch und Strauch:
was unter dem Leichenstein?

---

[1] Traubenfässer.

Über uns beginnen Sterne ...

Armverschlungen du und ich,
über uns beginnen Sterne
silbern aus der Blattlaterne,
und die Stadt: ein schwarzer Schattenstrich.

Und vorm Munde rot
brennen noch die Beeren.
Hinter uns schon hören wir den schweren
Ruderschlag von einem Boot.

Sieh, wie sich mit leisem Rauch
diese roten, schwarzen Farben mischen.
Wir dazwischen
nicht mehr Strauch und noch nicht Hauch ...

Scheu umdrängt mich dein Gesicht,
von der Kühle hochgebäumt:
Immer noch so weit verträumt?
... Plötzlich stirbt auch dieses Licht.

Plötzlicher Nebel

Mein Schritt verhallt, mein Arm greift leer ins
Leere.
Ich weiß nicht: Knie ich oben? Schlaf' ich tief?
Und war das Wind, was scheu vorüberlief?
Und der Geruch: Kommt er von Blatt und Beere?

Ich bleibe dunkel steh'n ... ich kann noch lange
Luftströme in die Lunge niederzieh'n.
Mein Haar tropft feucht; ich möchte flieh'n
und weiß doch nicht, wohin ich mich verfange ...

Und stand doch diesen Augenblick noch schwer
von schwarzem Wald bedrückt, nicht auszuhalten,
und gab mich hin dem großen Händefalten

der Wipfel hoch bis zu den warmen Sternen.
Jetzt geh'n die Wege alle lieblos leer
und haben keinen Anfang, keine Fernen.

UND doch: Viel Mütter weinen noch in kalter Nacht,
viel Kinder beten noch und wimmern,
o, alle Frauen dieser Erde kuschen sich den Zimmern
mit schwarzer Seele Wermut hin. Ihr habt sie umgebracht,

die ihren Augen, Herzen, Händen
gegeben waren eine lange Nacht.
Der Sturm riss alle Bilder von den Wanden
und hat das Blühen um die Frucht gebracht.

Vielleicht kommt ihr zu spät schon,
vielleicht seid ihr nicht die, die einmal waren;
ihr kommt auf Krücken und in grauen Haaren.

Ihr seid nicht Vater mehr und nicht mehr Sohn.
Die Narben fremden Bluts auf eurer Haut:
Wisst ihr, wie den hart Heimgesuchten davor graut?

NOVEMBERNACHT, die kühl durchs Fenster
rauscht,
versteint die Atemzüge und belauscht
die Fröstelstille, die wir beide schweigen.

So grau gefühllos ging noch nie ein Tag
ins Ungenaue. Und so weiß erschrak
noch nie der Mond vor zweien, die sich entfremden.

Und doch weiß ich die Schicksalslinien Deiner
Hand,
die sich der meinen schmalverstört entwandt,
wie eine klar geschriebene Schrift zu deuten:

dass zwischen uns und der verloschenen Glut,
Blutströme eines Neuen, das noch unreif ruht,
wie ein Springbrunnen auf- und niederschäumen.

UND SAGST du tausendmal:
Ich bin genesen
von dem, was furchtbar ist gewesen
auf Feldern leichenfahl:

In deinen Augen brennt ein falsches Licht,
du bist noch eitel auf den Schorf der Wunden;
so sehr bist du noch Irdischem verbunden,
dass deiner Stimme jener eine Ton gebricht,

zu dessen Füßen alle Berge knien
und alle Zeiger warten,
dass eine Hand kommt, neue Stunden aufzuzieh‘n.

Denk, dass du nicht in einen Garten,
denk, dass du zwischen Gräbern gehst
und Auferwecker sein musst oder untergehst.

Abendliches Thema

Der Wind weint in den Bäumen,
Gewölk kommt nicht zur Ruh.
Armkind will Schönes träumen,
deckt sich mit Mondscheint zu.

Sanft schläft der Schnee im Garten,
darüber schläft der Mond.
Die Sterne müssen warten,
sie sind es längst gewohnt.

Sie wuchsen mit den Jahren
und wechseln Sinn und Bild.
Sie haben viel erfahren
und sind doch ungestillt.

Ich habe mich zu ihnen
in meinem Elend aufgemacht,
denn so wie heute schienen
sie mir noch keine Nacht.

UND KOMMT Erinnerung im Blick der Narben,
und suchst den Bruder du und bleiben deine Augen leer:
O alle, die für diese Schöpfung starben,
weh‘n in den Fahnen der Gestirne vor uns her.

Sie sind zu letzten Heiligen in Kathedralen
Musik und Seraphim,
sind um das Haupt des Herrn die lichten Strahlen
und gehen aus von ihm:

Die Taube zu befreien aus dem Grabe,
dass sie entflattere windgeschwellt
und niederab vom höchsten Sonnenort

lobsingt das nun erlöste Wort:
„Dies endlich ist der Menschen Welt,
an der ich Wohlgefallen habe!"

Hymne unter den Kirschbäumen

Wenn es in Nordebenen schneite und Silber von Dächern gefror,
knallten die Öfen, und ein Kätzchen umschnurrte mein Knie.
Hier aber liegt Sonne dazwischen, hier silbert das Feld
die Frühlingsgefühle der Finken zu Tonleiter-Gebüschen.
Wünsche besticken den Weg bis zu den indigoblauen Gebirgen
mit Wollust. Die Heilige Straße baut Tempel um alle Bäume,
wo sich Verliebte erkennen. Und wie viele erkannten sich schon?

Wie oft erkannte ich Deinen Kirschenmund
hier unter den Bäumen, hier unter dem taghellen Mond,
Du zartes, schmeichlerisch silbernes Reh!
Gott hat die strengen Augen geschlossen
und träumt von den roten Geländern der Brücken,
die die Kirschblüten binden an den Jungbrunnen der Erde.
O Du stille, schmeichlerisch streichelnde Hand.

Sieh, wie sich am Teich das gefesselte Lamm
hinschmiegt dem stärkeren Bruder, dass er den Ring
Löse vom Pflock und der Schlinge des Stricks.
Und die Menschen geh'n alle vorüber und sprechen mit Augen
des Herzens und sind wie die Grillen auf dem gelben Hügel
der Iris versunken an Lied und Lockung der Wellen.
In jeder Sekunde zeigst Du dem Wasser ein andres Gesicht.
Und immer bin ich der wachsame Hund vor der Tür Deines Munds.
Willst Du die Nacht mir auch schenken? Hinter den Bäumen die Nacht?
Was brauchen wir Bäume! Der weiße Damast,
wo wir uns betten, und blühend darüber der purpurne Kelch
heimlichster Blüten hat alle Wunder gesammelt,
die wir hier draußen uns rauben erst müssen.
Ich lächle den Spuk Deiner Götter Dir aus den Augen.
Schwer wiegt hier mein Blut und kettet Dich los.
blühende Kirschen am Teich Salagaris ...
O Lied durch die Nacht ...

DU BIST der blaue Rauch, der von den Dächern steigt
und eine Wolke sucht und einer Wolke sich verbündet,
die in die endlos ausgegossene Bläue mündet,
wo Äon Silberbäume schattenlos verzweigt.

Und wenn du wiederkehrst in schwarzem Manteltuch,
das Flammenschwert im Gurt der Lenden,
muss sich das Dürre von dem Grünen wenden
und Segen fließt hernieder und beglänzt den Fluch.

Dann will die Brust ich dir entblößen;
triff gut und lass mich mit dem Donner breit verweh'n.
Ich bin nicht wert zu wallen wo Erlauchte geh'n.

Die deiner wert sind, ruhen ungeboren in den Schößen
verstoß'ner Frauen, eingekerkert im Verlies
des Turmes, den mein Vorfahr über Babel bauen hieß.

BLONDHAAR UND FLATTERN weißer
Spitzentücher
weinten aus Fenstern ihrem Aufbruch nach.
Die Beeren, die von Lippen eine Kussnacht brach,
schäumten schon über Seiten weißer Spiegelbücher.

Was waren Kinder noch in kalten Betten?
In allen Uhren blieben die Sekunden steh'n
und halfen die Kanonenräder vorwärts dreh'n
mit dem Geläut der Türme in den Läuferketten.

Kein Scheitender schritt mehr für sich allein.
Rasch rieselnd platzte, wie ein Gift aus bösen
Beulen,
Geheul von Siegen in der Schenkel Vorwärtskeulen,

die das Gewesene mohnrot überklebten,
Gehirne zwangen, braun und schmal zu sein:
dass nur noch Bilder zwischen Atempausen lebten.

Weihnacht

Das war die eine göttlich große Winternacht:
Auf kahlen Zweigen ruhten Himmel unermessen,
Windheer war von den Rennern abgesessen
und die Gestirne zogen rauschend auf die Wacht.

Gefallener Engel Abglanz spiegelte der See,
Märtyrer hoben sich aus den verschollenen
Nägelmalen
und stiegen abwärts, wo in ungeheuren Schalen
die Dörfer ruhten, überbauscht vom ersten Schnee.

Das war die eine Nacht, wo ich dich endlich sah:
klein und durchfroren in der Krippe Stall gebettet.
Doch als die arme Orgel das Halleluja

hinaussang, sprang der aufgeglänzte Krippen-Raum,
und den verblichenen Mysterien entkettet,
stiegst du empor – : ein tausendarmiger
Lichterbaum.

Fabrikstraße, tags

Nichts als Mauern. Ohne Gras und Glas
zieht die Straße den gescheckten Gurt
der Fassaden. Keine Bahnspur surrt.
Immer glänzt das Pflaster wassernass.

Streift ein Mensch dich, trifft sein Blick dich kalt
bis ins Mark; die harten Schritte hau‘n
Feuer aus dem turmhoch steilen Zaun,
noch sein kurzes Atmen wölkt geballt.

Keine Zuchthauszelle klemmt,
so in Eis das Denken wie dies Geh‘n
zwischen Mauern, die nur sich beseh‘n.

Trägst du Purpur oder Büßerhemd – :
Immer drückt mit riesigem Gewicht
Gottes Bannfluch: uhrenlose Schicht.

Sortiermädchen

Pilzbeschuppte Mauern, dunkler Winkel am Kanal,
überrauscht von Drehgekreisch der hitzigen Kräne:
blinder Fenster Zwielicht kriecht in einen
Arbeitssaal.

Bleiche Mädchen, schon zu reif für Traum und
Träne,
angestarrt von des Entsagens trocknem Grind
und an Schwielen Wucherung verschollener Pläne,

bleiche Mädchen hinter Mauern, am Kanal, halb
blind,
bleiche Mädchen, ach, was fragt ihr viel nach Bann
und Bäumen
eines Winds in Gärten, die wie Abend sind.

Wasser, die um den gespitzten Kiel der Schlepper
schäumen,
sangen nie von blitzenden Regatten, nie vom Mond,
der auf Licbesinseln tropft, und nie von Kais, die
Bäder säumen.

Wasser, das um Fensterluken spült und kühl den
Raum bewohnt.

atmet den Geruch von Teer und Aas und
Gerberlaugen,
und noch nie hat euch Gebrüll von Untergängen
zart geschont.

Über die zerwühlten Ballen von Metallen, die nicht
taugen
zu Geräten, hängt ihr das verknöcherte Gesicht:
dumpfer Wille in den Händen und gestumpftes
Weiß in Augen.

Manchmal bricht ein Lied, das sich dem
Radgeräusch verflicht,
aus den Mündern, die an Fäulnis der Gebisse
kranken ...
bricht ein Lied – und du, Maria, hörst es nicht?

An den Fenstern aber schwanken
Schatten, boshaft wie die Nächte, die das Stroh
eurer Laken mit verwelktem Knospenrot beranken.

Und ihr zuckt zurück und fingert wütend roh
an den Brüsten, an der Schenkel brüchige Ruinen,
und die Augen saugen Blitze her von irgendwo.

So verhasst wie die belarvten, überstählten Mienen
des blutjungen Meisters euch erscheinen, ist kein
Ding;

nicht die Syphilitiker und Säufer in Kantinen.

Eingesponnen in des Uhrwerks engen Ring:
was nützen Gifte ausgelaugt aus Fetzen
einer Jugend, die unfruchtbar verging!

Während eure Brüder Unerfülltes scharf an Aufruhr wetzen,
Schwestern jenseits des Kanals sich rosa dreh'n im Tanz,
müsst ihr heftige Gedanken auf Metalle hetzen.

Und nur einmal fällt von Blut und Schnee ein Kranz
in die grau verfilzten Strähnen eurer Scheitelbahnen,
wenn ihr, süß berauscht vom Funkeln der Monstranz,

eure Lippen drücken dürft auf Säume von Soutanen.

REISST MIR die Zunge aus; so habe ich noch
Hände,
zu loben dieses inselhafte Sein.
Es wird ganz Ich und geht in mich hinein,
als wüchsen ihm aus meiner Stirn die Wände,

wo klar die Berge zu den Wolken steigen.
Ich will mit dem gerafften Licht
ins Blaue malen das noch nie geschriebene Gedicht
und es in alle Himmel klar verzweigen.

Denn hier ist Eingang zu dem Grenzenlosen;
hier ward die Welt zum zweiten Male Kind
aus den gezog'nen weißen und den schwarzen
Losen.

Tritt ein, der du verwandert bist und blind!
Wenn einst in Träumen laut war hohes Rufen
um Gott – : die Bäume sind zu ihm die Stufen.

Die Häuser haben Augen aufgetan ...

Am Abend steh'n die Dinge nicht mehr blind
und mauerhart in dem Vorüberspülen
gehetzter Stunden; Wind bringt von den Mühlen
gekühlten Tau und geisterhaftes Blau.

Die Häuser haben Augen aufgetan,
Stern unter Sternen ist die Erde wieder,
die Brücken tauchen in das Flussbett nieder
und schwimmen in der Tiefe Kahn an Kahn.

Gestalten wachsen groß aus jedem Strauch,
die Wipfel wehen fort wie träger Rauch
und Täler werfen Berge ab, die lange drückten.

Die Menschen aber staunen mit entrückten
Gesichtern in der Sterne Silberschwall
und sind wie Früchte reif und süß zum Fall.

Die neue Bergpredigt

1

Ihr blassen Krüppel, sanft von Kindern
vorgeschoben,
und ihr Geschwächten aus dem Hospital,
ihr Irren von den Straßen aufgehoben

und ihr Entlauf'nen aus dem Arbeitssaal;
Töchter der Magdalena, Kains robuste Söhne,
Verwanderte von China her und vom Ural:

auf dass mein Spruch durch euer Stöhnen töne,
auf dass mein Spruch durch eurer Stirnen Grind
sich zwänge, wild wie Wettern heißer Föhne,

und Adern, die vom Gram verschüttet sind,
melodisch weite, ward mir diese Stunde
noch einmal aufgespart, eh Brüder tollwutblind

sich hetzen und zerfleischen wie die großen Hunde
der Strahlgebläse in Kavernen aufgestellt.
Und spricht auch zorniger Gott nicht mehr aus
meinem Munde :

Der Vater, der mich sandte, heißt noch immer wie
die Welt.

2

Ihr Männer, sprecht, zerdonnern schon in Rauch
die goldenen Paläste, die man aus den Knochen
eurer Ahnen
aufstellte über blauem Strom? Und platzte schon
der Bauch

des Baals, der die heranbeschwor'nen Karawanen
Unmündiger verschlang wie süßes Gras?
Und flattern von den Kirchturmspitzen schon die
Fahnen

der Freiheit feurig räudigen Siedlern zu im
Haftgelass?
Und sprang aus euren Muskeln schon der Schwielen
verschorftes Ducken wild zurück in Hass?

Wer zerrt ungläubiges Volk ins Joch der erz'nen
Sielen?
Und welcher Schlachtruf rauscht, der euch zu Taten
treibt,
Notsegel bläht, den Äther zu durchkielen?

Das Menetekel, das ihr schwarz mit Wolkenfingern schreibt,
entsprang es den fünf unverbundenen Wunden
des Kreuztods, der solange ungerochen bleibt,

bis Menschen dieser Erde nicht mehr munden?

3

Und ihr belaubten Mütter, fruchtbar ohne Sinn
und ewig ausgestreckt, ein Neues zu empfangen,
ward eurem Dienen schon ein seliger Gewinn?

Ein Königreich? Provinzen, korngelb aufgegangen?
Und Töchter, gläubig untertan wie Ruth?
Und habt ihr je in bangen, nächtelangen

Gebeten eurer Männer hingefloss'nes Blut
beweint, und, angestarrt von der Verzweiflung Larven,
euch stündlich aufgereizt in rächerische Wut?

Gott gab euch Odem psalmengrüner Harfen
den Frost der Seelen silbern aufzuglüh'n,
die sich zerknirscht Vertiertem in die Blößen warfen.

Aus euren zauberischen Fingern blüh'n

noch immer Rosen, letzte Armut zu versöhnen.
Um Brücken, über Ströme bogenkühn

zu schlagen, müssen Harfen über Rosenwunder
tönen.

4

Noch immer schwebt zerräderte Musik um eure
Lippen,
ihr Kinder, die ich nie so hilflos sah,
und so gejagt, gleich in ein Weinen umzukippen.

Was weit auf Lenzgefilden knospenhaft geschah:
Marienkäferlied, und Schmetterlinge fangen,
ist euch nur in den magern Bilderbüchern nah.

Nie reizten Glocken, die durch Streikrevolten feurig
klangen,
euch in das selige Getöse einer Schneeballschlacht.
Zerbrochenes Gefühl ist oft durch euren Traum
gegangen.

Und wenn ihr auf dem Brachfeld wo ein Feuerchen
entfacht,
bricht gleich schon Angst von euren Munden wie
zerbiss'ne Kreide,

und immer habt ihr Ruhr und Husten
heimgebracht.

Ich aber will, dass ihr wie tausendfältiges Getreide
in Sonne reift; denn meine Mühlen geh'n schon
leer,
und an des Kreuzwegs ungewisser Daseinsscheide

lauern gebräunte Quäler wie ein Hunnenheer.

5

Erlösung breche schier aus meinem Munde
und fließe weit hinaus wie der Atlant,
auf dass ihr, hingetaucht auf seinem Grunde,

zur letzten Freiheit euch ermannt.
Mein Same, einmal ausgestreut in Schlachten,
wie sammelt er sich hier als unfruchtbarer Sand?

Reibt aus den Augen euch die wüst verwachten
Nächte der Qual und wallt in meinem Zug,
den neuer Quäler Väter schon verlachten

und Priester schamlos nutzten zum Betrug.
Ihr Hergeschwemmten mit dem toten Blick der
Blinden!
In mir ist immer Mittagshöh und Sternenflug.

Sodom und Hellas, Rom zu überwinden,
schenk ich mich stündlich allem aus, was trinken mag.
und groß aus östlich hergewehten Winden

erbau ich täglich euch den aller jüngsten Tag.

6

Jüngster Tag, aus himmlischem Gedröhn gewittert,
Strahl, der feurig durch das Morsche fährt,
Schlag, der jäh des Baales Babelturm zersplittert

und was verzweifelt gärt, zur Wahrheit klärt:
Schön höre ich aus Tiefen krummer Hufe Stampfen,
und witt're Brand, der gelb aus schwarzen Wolken schwärt,

die Zwielichtkämpfe in den Städten zu verdampfen.
Und wenn Elias mit dem Flugschiff wiederkehrt,
dann brechen Augen, die sich schwer in Furcht verkrampfen,

weißgläubig auf und stürzen in den Feuerherd,
der aufbrennt, Boden einer neuen Welt zu düngen.
Und niemand wird dort siedeln, den Vergangenes beschwert;

erwacht zu schöpferischen Glückaufschwüngen,
schießt Gottes Blut, das einmal schon vergeblich
rann,
durch aller Menschen Herzen in Kometensprüngen

und steht — dreifache Sonne — über Kanaan.

An meinen Sohn

Der schöne Sommer, der durch deinen Reifen
sprang,
die blaue Dampferfahrt und waldiger Abendgang
sind ausgeblasen wie ein Altarlicht, mein Sohn.

Dein Mund, der schwer bewölkt in Fragen hängt,
dein Auge, das ein Meer von Qual nach außen
drängt:
Ich finde nicht mehr dein Gesicht, mein Sohn.

Dass sich im Räderspiel unschuldiger Kinderwelt
ein Sturm hineinhakt, der die Zeiger rückwärts
schnellt:
Dem Sturm bin ich im Feld steil aufgestellt, mein
Sohn.

Mein Arm, von Mühsal ausgerenkt, von Sorgen
abgezehrt,
muss sich nun straffen für Gewehr und Schwert,
dass niemand mordet, was uns bindet, was uns hält,
mein Sohn.

Dass helle Zeit noch immer die ergrimmte Kriegslust liebt,
nicht seliges Verbrüdern liebt und diese Liebe weitergibt:
Wo wird mir diese Schuld verzieh'n, mein Sohn?

Im blutigsten Gefecht noch hör ich Flügel über mir;
die heben mich schlafwandelnd fort von hier
wie Bäume, die vor rasenden Laternen flieh'n, mein Sohn.

Doch wenn mich die, die ich verließ, in Gräbern meint,
und sich durch Witwennacht und Waisenfremdheit weint:
wachs wipfelbreit ins Blau! Brich Sternenbahn, mein Sohn!

Denn Du bist vorbestimmt; bist letzter Strich im Plan;
da ist kein Tor, wo wir uns nicht im Traum schon sah'n,

den Weg zu runder Einheit sah‘n, mein Sohn.

Bist vorbestimmt, fünftausend Jahre schon: zu sein
der, dessen Namen ich hineinbeiß in den Stein,
wenn mich die Häscher treffen Stich für Stich, mein
Sohn.

Ja, dann wird Sterben mir erst zum durchfühlten
Wort.
Mein Tod löscht Feind und bunte Ländergrenzen
fort,
und alles Leben kennt nur ,,Welt" und „Bruder“:

Dich,
mein Sohn!

Das ist die Stunde

I

Du kniest, Du betest vor –: wie dieser Gott
sich überreden lässt trotz tausend Lügen
und weichgeword'ner Päpste Spott.

Es sammelt sich Dein Wort in Zügen,
es zweigt der Strom sich siebenfach im Raum;
die Jungfrauen tragen wieder Öl in Krügen.

Schalmeien schallen lockend Zimbelschaum
und Engelscharen blau auf gold'nem Grunde.
Ich küss von Deinem Kleid den Saum

und eine Taube schwebt und spricht: Das ist die
Stunde!

II

Das ist die Stunde: Heimat überall
und noch in der Geliebten Sakrament.

Nie wieder wird ein Sündenfall

die Erde fluchen, bis sie brennt.
Das Du in mir, das Ich in Dir
lebt ungetrennt

fortzeugend noch, bis wir
vorwärts in heiligen Scharen
gemündet sind als Waldung oder Tier,

und wiederkehren nach Millionen Jahren.

Bettler im Spätherbst

Den leeren Ranzen lässig umgesackt
und grünen Filzhut windschief auf den Strähnen,
so schiebt er sich ins Dorf, wo sattes Gähnen
rauchwirbelnd über feuchte Dächer flackt.

Er probt mit langen Fingern, die von Gicht
krummsteh'n, das Tür-Anklopfen,
und weitet Taschen aus zum Brotverstopfen
und setzt in Kummerfalten das Gesicht.

Sturm orgelt lauter auf in den Kaminen
und Tor an Tor knirscht krachend im Verschluss ...
Armselig, wer nun wandern, wandern muss.

Man wirft aus Fenstern Fäuste jähzornschwer,
und hetzt Gebrüll von Hunden hinterher.
Der Nebel gittert graue Eisgardinen.

AM ABEND steh'n die Dinge nicht mehr blind
und mauerhart, in dem Vorüberspülen
gehetzter Stunden; Wind bringt von den Mühlen
gekühlten Tau und geisterhaftes Blau.

Die Häuser haben Augen aufgetan,
Stern unter Sternen ist die Erde wieder,
die Brücken tauchen in das Flussbett nieder
und schwimmen in der Tiefe Kahn an Kahn.

Gestalten wachsen groß aus jedem Strauch,
die Wipfel wehen fort wie träger Rauch
und Täler werfen Berge ab, die lange drückten.

Die Menschen aber staunen mit entrückten
Gesichtern in der Sterne Silberschwall
und sind wie Früchte reif und süß zum Fall.

Traumgesicht

Der Mond stand wie ein Segel überm Haus
und weithin floss ein Strom von Sternen.
Mein Herz fuhr in die Nacht hinaus
und fand das Deine irgendwo im Fernen.

Und träumend halb und halb bewusst
sah ich, wie sich die beiden froh vereinten
zu süßer Lust
und wie uns tausend Mütter meinten.

Es kam ein Wind ...

Es kam ein Wind von Frühlingsland,
der riss vom Strom das Silberband
und ließ die blauen Schimmerwellen tanzen.

Da fiel der Nebel wie zerschlitzt
ins Uferrohr, das, rot beglitzt,
emporwuchs wie ein Wald von gold'nen Lanzen.

Und alle Wiesen wurden wasserfrei,
Alarm beflammte Kuckucksruf und Kiebitzschrei,
bis, losgelassen von den Farmen,

die jungen Pferde Funken schlugen querfeldein,
als müssten sie im Fliegen noch den Stein
vor lauter Blut umarmen.

Morgenweihe

Das blaue Zwielicht will in Gold zergeh'n.
Ich höre schon die Eichentüren schlagen
und frischen Wind vor meinem Fenster weh'n.

Nun möchte ich durch das verklärte Land
Sturm laufen und dir den Frühgruß sagen,
doch eine fromme Scheu hält mich gebannt.

Vielleicht erschreckt mein aufgeregtes Blut
Dein Herz, das von Empfindsamkeit getragen,
noch in den schönsten Purpurträumen ruht.

Will nur wie eine Glocke sein, die sich
durch die gedämpfte Morgenweihe tastet
und leise, leise klingeln: „Liebst Du mich . . .?“

Indes das Leben fern vorüberhastet.

WAS ICH aus Reim und Rhythmus je gebaut,
all jene krausen Versgebilde,
hat deine Augenseele mir vertraut.

Du bist das Klingende in mir, das Milde,
der immerfließende Gedankenstrom,
der mich hinüberträgt in Sterngefilde.

Du ragst in meinen Tag hoch wie ein Dom
und hast mein Herz erhöht, das Nacht
herniederbog;
warst mein Damaskus, warst das goldene Rom,

dem all mein Pilgern froh entgegenzog.

Ballade von der Wandlung zu den Tieren

Wenn du hier an diesen Gitterstangen
dich vorüberdrehst und mit Erschauern
einsiehst, was hier alles eingefangen
seinen Kinderfrühling muss vertrauern:

Riesenflusspferd, Panther und Gazelle,
weißes Wiesel, Gnu und Papageien,
wie auf einem bunten Karusselle
alles dreht sich, einzeln und zu zweien.

Und der blaue Himmel geht mit ihnen
und die Berge, zwergenhaft verschroben,
zu dem Takt der rasselnden Maschinen
mit der langen Fensterfront verwoben.

Schwer wiegt Regen, schwerer sind die Nächte,
wenn die Tiere sich zurückbesinnen
und Gedanken in die dunklen Schächte tauchen,
die vom Wahnsinn überrinnen.

Da –: Auf einmal weißt du es, was diese
großen Augenängste viel verloren haben,
wenn sie schlafen oder auf der Wiese
an dem Gitter auf- und niedertraben.

Hörst im wachen Ohr die Bruderklänge
von der Purpurflut der Muttermeere.
Samenstaub und Siriusgesänge
und die eisig-weiße Weltenleere.

Letztes Zwiegespräch, Erinnerungen
aus dem Ichgefühl zum Tier,
längst verwandelt, buntumschlungen,
nicht mehr dort und nicht mehr hier.

Dromedar und letzter Elch, Hyäne,
Pelikan, Gepard und Elefantenherde:
bleibt nur eine heimlich kleine Träne
übrig und begräbt die Spur der Erde.

Gegen Morgen

Die niederen Häuser längs des Kanals
Schwimmen wie schwarze Särge daher.
Schlanker Turm äugt über das Brückenwehr
und reckt sich wie ein Giraffenhals.

Vom Dach kriecht gelblicher Nebel zu Tal
und wogt und wühlt wie ein Meer.
Schroff und novemberleer
wandert der Bäume endlose Zahl.

Durch die Straßen, fröstelnd und abgedacht,
Schrillt schon eines Dampfhorns Gebell
und der Wind erwacht

und schwätzt sich von Haus zu Haus ...
Die Fenster sind alle hell
Und horchen hinaus.

KOMM IN deinem weißen Kleide,
liebe, wunderblonde Frau.
Sieh, der Himmel ist so blau
und ein Märchenreich die Heide.
Unsre Hände ganz inein,
immer weiter woll'n wir geh'n
durch das purpurne Geleucht,
bis die Bäume silbern steh'n
und die Nacht uns goldene Kronen reicht.

Plötzlich stehst du vor den Rehen

Wo das dunkelste Geäst
ohne vorher Licht zu sehen,
eine runde Lücke leuchten lässt:
Plötzlich stehst du vor den Rehen!

Noch wagst du nicht aufzuschau'n
aus dem Schreck herab die Lider.
Aber sieben Leiber, weiß und braun,
in den Muskeln biegsam nieder,

fassen dich mit der Gewalt
dunkler Augen: blank in deine.
Und du bist nicht mehr alleine
Herr in diesem Wald.

Deine Büchse geht nicht los ...
Hoch im Tanz der Braunen und Gefleckten

durch das aufgeglänzte Moos
kannst du nur dich höher recken.

Sehen, wie sie ohne Angst
sich dir nähern ... wittern.
Und das Glas, wonach du langst,
mit den Atemstößen grau vergittern.

Ohne vorher Licht zu sehen,
wo dich Lichter kommen sah'n ...
Plötzlich stehst du vor den Rehen,
brauner Pan!

SIEH DIE dürren Ruten
am uralten Weidenbaum,
wie sie aus dem Silberschaum
aufgedunsen bluten.

Auf den feuchten Rasen
bis zum Grund der Wurzelschlucht
dumpfer plumpt verfaulte Frucht
und verjagt die Hasen.

Durch den Hohlweg funkelt
schon der Schwämme Phosphorrauch,
bis die Nacht aus jedem Strauch
fratzenhafter dunkelt.

Eine schwarze Norne
braut den Zaubertrank im Sumpf,
und es trifft ein Stoß dich dumpf
wie von einem Horne.

Deine Schläfen klopfen,
Steinwand wird das hohe Rohr,
und du hörst dein Leben lang im Ohr
diese Stille tropfen.

Auch mir wird ein Kind geboren

Der Gäste Aufbruch ließ uns endlich allein.
Silberne Schleier der Dämmerung
legten sich schwer auf Gerät und Gemach.
Hinter den Gärten rauschte der Wildbach tief und dunkel.
Und am Straßenrande
klangen die blitzenden Kronen der Pappelbäume
hell wie Ministrantenglöckchen.
Feiner verstörter Regen rann
und leise klirrten die Fenster.
Dachpfannen klapperten den Takt dazu.
Ein Knistern, fein wie Seidengeflüster,
kam aus deinem blonden gelösten Haar.
Und ein Duft zog von dir zu mir.
Groß ward Dein Auge
und ohne zu wollen,
neigten wir Haupt zu Haupt
und sogen den Hauch unsres Atems ein,
der wie eine geheime Macht
uns näher und näher aneinander zwang.
Wie unser Atem sich dann beflügelte!

Die Sinne wühlten in unserm Blut,
und mit inbrünstigem Schauern
gaben wir froh uns dem Wunder der Liebe hin ...
Träumend halb und halb im Wachen
schlugst du die schweren Lider auf.
Und eine himmelhohe Seligkeit
sprang leuchtend aus deinen Augen.
Dein Mund, halb offen noch vom Aufschrei
fiebrigen Entzückens,
sang mir mit wunderbar gestimmtem
Tonfall ins Ohr:
"Du, ich habe einen Stern gesehn,
einen Stern hoch über unserer Hütte
sanft geneigtem Dach.
Alle Hirten kamen anzubeten
und von fernher drei Weisen,
die wohl Gold und Silber brachten." -

Ich aber fand nicht ein Wort
und doch war eine Fröhlichkeit in mir:
Siehe, auch Dir wird ein Kind geboren!

DIE VOLLEN Halme biegen sich,

die Wipfel steh‘n in goldener Fülle.

Ich aber will in eine Stille

mich flüchten, die noch unentweiht ist,

und mich schmücken mit dem Mutterkleid.

Und wenn ich dir das große Fest bereitet

und deine Lippen wieder heiß in Sehnsucht beben,

dann soll mein Kind, dein Kind die Antwort geben.

WO im grauen Schaum
dunkle Wasser schweigen,
weint mit weißen Zweigen
ein Akazienbaum.

Eine Nonne hebt
ihre dürren Arme
hoch empor und bebt:
dass sich Gott erbarme.

Von dem Haus ist kaum
Rauch zurückgeblieben.
Alles schwimmt im Raum,
plump und aufgetrieben.

Manchmal treffen leichenblass
hier noch zwei zusammen,
die mit ihrem wilden Hass
von demselben Vater stammen.

Aber ehe da der Strahl
einen hinbezwungen,
hat das nächtliche Fanal
sie ins Nichts verschlungen.

Wenn einer, der vor wenigen Minuten noch
sich mit dir stritt, weil du den Kopf hast hängen lassen,
viel tiefer, als er seinen, (hier, in diesem Kellerloch,
zu dem die Ratten wohl, doch welche Menschen passen?)

Wenn er vom Lager leise sich erhebt und geht,
um nicht in deiner nächsten Nähe zu zerscherben,
so grauenhaft für dich schien ihm sein Sterben,
dann stört dich nur der Schnee, vom Wind hereingeweht.

Er war der Erste nicht, den es mit einem Male überkam;
dass es jetzt sei. Niemand hätte ihn
mit einem Wort noch halten können, an ihn ketten.

Mit welchem Wort? Ach, grade dieses eine nahm
er mit sich mit. Weil's ihm zu abgenutzt schon schien,
den Traum von einer besseren Zeit darauf zu betten.

Der Ewige

Auf einer Erde, die nicht aufhört, Laub zu treiben,
kann nie ein Mensch verstockter Heide sein.
Er kann dir seinen Gott nicht groß beschreiben,
er baut ihm auch kein Ewig-Haus aus Stein.

Er weiß von ihm und lebt in ihm sein Leben
von Jahreszeit zu Jahreszeit,
er spürt ihn über sich als Regenwolke schweben
und fühlt im Halm die Spur von seiner
Fruchtbarkeit.

Wozu willst du ihn noch erlösen,
in deiner schwarzen Hoffart, Christ?
Wo du auch immer noch erschienen bist,

verwandelte das Reine sich zum Bösen.
Sieh, hier von Dom und Klosterhof das
Trümmerfeld:
an diesem Wald zerbrach, missbraucht, die
Bibelwelt.

Nach dem Gewitter

Schüchtern qualmen schon die ersten Dächer.
Aus der Wolkenwirrnis, die zersprang,
fallen Sonnenstrahlen breit wie Fächer.

Alle Fenster schau'n nun wieder blank
in die Ebene, und die Uferweiden
streu'n Rubine in das dunkle Rohr.

Schwalben schießen froh den Fluss entlang,
Lerchen wirbeln liederfroh empor
und des Himmels dunkelblaue Seiden

blüh'n und schillern schöner denn zuvor.

Inhalt